DESCRIPTION

OU

ABRE'GE' HISTORIQUE

DE

COMPIEGNE,

AVEC LE GUIDE

DE LA FOREST.

M. DCC. LXV.

DESCRIPTION

OU

ABRÉGÉ HISTORIQUE

DE COMPIEGNE.

COMPIEGNE, *COMPENDIUM*,

EST une belle Ville, a Gouvernement de Place, Chef-lieu d'une Élection de son nom, Prévôté, Bailliage, Grenier à sel, Maréchaussée, une Jurisdiction Consulaire établie par Charles IX en 1565, à l'instar de celle de Paris, Entrepot de tabac, un Directeur des Aydes, un Contrôle des Actes des Notaires, & Receveur du Domaine, un Receveur de Capitation & du Vingtiéme de la Ville, avec une magnifique Maison Royale, une fameuse Abbaye d'hommes de l'Ordre de Saint Benoît, &c. au Gouvernement général de l'Isle-de-France, Diocèse de Soissons, Parlement & Intendance de Paris, avec un Subdélegué. Il y a à Compiegne une Eglise Collégiale dédiée à Saint Clément, un Hôtel-Dieu, un Collége, & plusieurs Maisons Religieuses de l'un & de l'autre sexe, entr'autres des Cordeliers, des Dominicains, des Carmélites, &c.

Cette Ville est dans une situation des plus agréables, sur la rive gauche de l'Oise, que l'on passe en cet endroit sur un beau Pont de pierre, à une demi-lieue de l'embouchure de la riviere d'Aisne, à 6 lieues & quart ouest-nord-ouest de Soissons, 6 ouest-sud-ouest de Clermont en Beauvoisis, & 4 sud-ouest de Noyon, 9 & demi est de Beauvais, & 13 nord-nord-est de Paris; (on en compte 17 par la route ordinaire,) long. 20, 29, 41, lat. 49, 24, 59. On croit communément dans le pays que la Ville dont il est question, a reçu des Romains le nom latin qu'elle porte; cependant on ne trouve pas qu'il en soit fait mention dans aucun monument plus ancien que le tems de Clovis le Grand.

Les enfans de ce Prince & leurs descendans, y eurent une Maison Royale; & depuis cette époque, il n'y a presque pas eu de Roi des deux premieres races qui n'y ait passé quelqu'acte important, ainsi que cela se prouve par la Diplomatique du Pere Mabillon, & par le Spécilege de Dom Luc d'Achery.

Clovis, premier Roi Chrétien, étoit possesseur, dit son histoire, (*a*) de Soissons, Compiegne, Senlis, & autres Villettes circonvoisines., ce qui doit bien désabuser ceux qui veulent dire que Compiegne n'étoit pas Ville avant Charles le Chauve.

(*a*) De Serres.

Nous remarquerons seulement qu'il s'est tenu à Compiegne plusieurs Conciles & Assemblées Ecclésiastiques.

10. L'an 757, Assemblée générale de la nation des François, composée des Evêques & des Seigneurs suivant l'usage de ces tems. Les Légats du Pape Etienne s'y trouverent ; ce fut dans cette Assemblée que Pepin reçut des orgues que l'Empereur d'Orient lui avoit envoyé avec d'autres présens ; on voit par ce Concile que le Roi portoit par-tout avec lui des Reliques.

On y fit dix-huit Canons, qui

presque tous ont les mariages pour objet. Il y a plusieurs cas où l'on défend aux hommes & aux femmes de se marier pour punition d'inceste. Si la consommation du mariage est contestée, le mari est cru plutôt que la femme.

2º. L'an 823, ce Concile fut tenu sur le mauvais usage des choses saintes.

3º. L'an 833, Assemblée non-reconnue & rejettée dans tous les siécles, où l'Empéreur Louis le Débonnaire fut mis en pénitence publique, & regardé comme ne pouvant porter les armes ou, comme étant déposé.

4º. Le Pere Mansi met un Concile à Compiegne en 871, dans lequel Hincmar, Archevêque de Reims, excommunie les fauteurs de Carloman, qui s'étoient révoltés contre Charles le Chauve.

5º. L'an 877, ce Concile par

l'Empereur Charles le Chauve, & composé des Evêques des Provinces de Reims, & de quelques autres. Il y fit dédier en sa présence & celle des Légats, avec grande solemnité, l'Eglise de Saint Corneille & de Saint Cyprien.

6o. L'an 1085, Renaud, Archevêque de Reims, présida à ce Concile, assisté de dix Evêques & de dix-neuf Abbés; Evrard, Abbé de Corbie, y fut déposé, & on y confirma les Priviléges de l'Eglise de Saint Corneille.

7°. L'an 1092, dans ce Concile, Roscellin fut convaincu d'erreur & obligé de l'abjurer, mais par crainte d'être assommé par le peuple, comme il le déclara depuis. Il disoit que les trois Personnes divines étoient trois choses séparées comme trois Anges, ensorte toutefois qu'elles n'avoient qu'une volonté & une puissance ; autrement il auroit fallu dire selon lui, que le Pere & le Saint Esprit s'étoient incarnés : il ajoutoit que l'on pourroit dire véritablement que c'étoit trois Dieux, si l'usage le permettroit.

8°. L'an 1193, ce fut une Assemblée à laquelle on donna le nom de Parlement de Compiegne. L'Archevêque de Reims, Légat du Saint Siége, prononça avec les Evêques, que le mariage du Roi Philippe Auguste avec Ingeburge, étoit nul, à cause de parenté ; Ingeburge en appella à Rome.

9°. L'an 1235, ce Concile fut tenu sur certains articles qui blessoient la liberté de l'Eglise, selon l'Archevêque de Reims ; cet Archevêque & six de ses Suffragans allerent à Saint Denis faire au Roi une seconde monition, ce qui donna occasion aux Seigneurs de se plaindre au Pape, des Prélats & des Ecclésiastiques, par une lettre datée de l'Eglise de Saint Denis au mois de Septembre de la même année ; on croit aussi que ce fut à l'Abbaye de Saint Denis, que le Roi Saint Louis fit une Ordonnance, portant que ses Vassaux & ceux des Seigneurs, ne seroient point tenus (en matiere civile) de répondre aux Ecclésiastiques ni à d'autres au Tribunal Ecclésiastique ; que si le Juge Ecclésiastique les excommunioit pour ce sujet, il seroit contraint par saisie de son temporel à lever l'excommunication ; que les Prélats, les autres Ecclésiastiques & leurs Vassaux, seroient tenus en toutes causes civiles, de subir le Jugement du Roi & des Seigneurs.

Le Pape exhorta Saint Louis à révoquer cette Ordonnance, par une lettre du 15 Février 1236, où il dit entre autres, que Dieu avoit confié au Pape tout enfemble les droits de l'Empire terreftre & du célefte. Mais il ne paroît pas que le Saint Roi eût été ému de cette lettre; car il ne révoqua point fon Ordonnance; & comme il eut toujours à cœur de conferver au Clergé fes véritables droits, il ne veilla pas moins à défendre ceux de la Couronne.

10°. L'an 1278, ce Concile fut tenu par l'Archevêque de Reims avec fes Suffragans ; on y fit un décret contre les Chapitres des Cathédrales qui prétendoient avoir droit de ceffer l'Office & de mettre la Ville en interdit, pour la confervation de leur liberté.

11°. L'an 1304, le 4 Janvier, ce Concile fut tenu par Robert de Courtenay, Archevêque de

Reims, huit Evêques & les Députés des trois absens. On y fit des Statuts compris en cinq articles, on y remarque ceux-ci : défenses aux Officiers des Seigneurs temporels de mettre à la taille les Clercs, mariés ou non, sous le faux prétexte qu'ils exercent les marchandises ou le commerce, dont ils se rendent juges eux-mêmes, sans permettre aux Juges Ecclésiastiques d'en prendre connciffance. Ceux qui après avoir été deux ans excommuniés, seront morts sans satisfaire à l'Eglise, seront privés de la sépulture écclésiastique, comme suspects d'hérésie. Tous les Ecclésiastiques de la Province se contenteront dans leur repas, de deux mets outre le potage.

12°. L'an 1329, le 9 Septembre, ce Concile fut tenu par Guillaume de Trie & par trois Evêques ses Suffragans, avec les

Députés des autres absens. On y fit un Réglement de sept articles ; il y est ordonné entr'autres choses, à tous les Juges Ecclésiastiques de porter des censures chacun dans son territoire contre ceux qui auront violé les droits de l'Eglise, & aux Curés de les publier tous les Dimanches.

En 876, Charles le Chauve embélit & agrandit la Ville de Compiegne, & voulut que de son nom elle fût appellée *Carlopolis*, Charleville ; ce Prince y reçut (*a*) à grand honneur le Pape Jean VIII. Ce même Prince fit bâtir hors de la Ville un Château, auquel il donna pour terrein tout ce qui s'étend depuis la porte Pierrefond jusqu'à une borne qu'on voit encore près du confluent de l'Aisne & de l'Oise.

Il fit bâtir ensuite un autre Château sur le bord de l'Oise (près du Fauxbourg Saint Ger-

(*a*) Gaguin N. Gille.

main) & dont les jardins étoient dans une petite Isle. Ce dernier Château a subsisté jusqu'au tems de Saint Louis, que ce Monar-que fonda dans ladite Isle (*a*) l'Hôtel-Dieu, que l'on y voit encore à présent. Ce même Prince donna l'ancien Château aux Religieux de l'Ordre de Saint Dominique, & leur fit construire en ce lieu un grand Monastere (*b*) & une belle Eglise; il exiſte encore des vestiges de ce Château aux murailles de leur Cloître, les Chapelles hautes & basses de cette demeure Royale ont été abattues en 1728.

(*a*) 1260.

(*b*) 1254.

Ce Prince fit aussi bâtir le Couvent des Cordeliers à la supplication des Habitans, environ l'an 1254.

Saint Louis fit bâtir ensuite un nouveau Château ; Louis XI l'augmenta beaucoup ; François I. fit faire la principale Porte &

les Tourelles des côtés ; le Connétable de Montmorency fit bâtir l'appartement qui étoit auprès de la porte, que l'on nommoit la Connétable ; c'est à cause de cela que les armes de sa maison étoient en rélief sur la muraille ; tout cela a été abattu depuis peu pour être changé.

Louis le Grand fit rétablir toute la façade des bâtimens qu régnent le long de la terrasse, & fit mettre les jardins dans un meilleur état qu'ils n'avoient été jusqu'alors. C'est aussi ce Prince qui fit construire le grand escalier, le jeu de paume, & qui fit décorer cette Maison Royale de quantité d'autres ornemens.

Le Roi, Louis XV, son arriere petit-fils, y a fait ajouter encore de grands embélissemens, & y a fait bâtir des Hôtels pour loger les Secrétaires d'Etat & ses principaux Ministres.

LE CHASTEAU
Tel qu'il est présentement.

SES quatre cours sont entourées de bâtimens peu réguliers, dont une partie est neuve, & l'autre ancienne.

Le grand escalier qui conduit à droite dans la salle des Gardes éclairée par huit croisées, est magnifique par sa grandeur.

On voit dans la salle à manger au grand Couvert, un tableau de Mignard, qui en occupe une des faces : Neptune y paroît entouré des Divinités de la mer, offrant ses richesses à la France.

A droite est l'appartement de la Reine, composé d'une antichambre ornée de trois dessus de porte, de fruits & de fleurs, d'une belle chambre à coucher, de deux autres piéces, & de plufieurs petits cabinets, dont un boifé pour les bains.

La même falle à manger, conduit à gauche à l'appartement du Roi. Dans l'antichambre font trois deffus de porte, peints par Defportes; la chambre à coucher de Sa Majefté en offre deux autres, dans lefquels ce Peintre a repréfenté des chiens en arrêt. La falle du Confeil eft décorée de trois deffus de porte du même, & de deux paniers de fleurs peints en ovale fur les glaces. On paffe enfuite dans les petits appartemens où font les bains & trois autres piéces.

La chambre du Confeil, donne auffi entrée dans le cabinet du Roi, qu'Oudri a décoré de cinq deffus de porte.

La falle à manger au petit Couvert, renferme deux grands plans de la forêt de Compiegne, qui font peints à l'huile, & quatre dessus de porte où se voient des chiens.

L'appartement de M. le Dauphin & de Madame la Dauphine, composé de trois grandes piéces, est au bout de l'appartement du Roi; & celui de Mesdames est à gauche du grand escalier. Tous sont fort ornés de glaces, sans aucune dorure, & les menuiseries sont entiérement peintes en blanc.

Les appartemens du Roi & de la Reine régnent sur une terrasse irréguliere, qui servoit anciennement de rempart à la Ville.

Le long de cette terrasse, la Reine a une petite orangerie, & quelques cabinets de verdure.

On voit entre le Château & la forêt le nouveau jardin *, que le Roi fait faire.

---

* La Reine, Cathérine de Médicis, en fit faire un à peu près au même endroit ; il fallut démolir les murailles pendant les guerres civiles.

Vers l'appartement de Sa Majesté, sont quatre rangs de tilleuls coupés par dessus à l'italienne, & terminés par une large allée destinée à la promenade publique : elle va jusqu'au bord de la riviere d'Oise.

A côté est le jeu de paume, & le potager d'une médiocre étendue, ainsi qu'un bosquet de deux cabinets de treillage faits en dôme.

Le long de la riviere on découvre le Cours, où plusieurs allées d'arbres forment une promenade très-agréable pour le public.

On assure que Charles VIII, avoit dessein de faire de superbes édifices au Château, qu'il vouloit continuer jusqu'à la porte Chapelle, si la Reine Anne de Bretagne ne l'en eût dissuadé pour embélir celui d'Amboise, lieu de la naissance de ce Roi, où elle se plaisoit infiniment à cause du voisinage de la Bretagne.

C'est aussi, comme nous l'avons déja remarqué, Charles le Chauve *, qui en 876 fonda sur ses propres terres ou dans son propre Palais, l'Abbaye de Saint Corneille, où il fit bâtir une des plus superbes Eglises de son tems, sous l'invocation de Saint Corneille. La table du grand autel de cette Eglise est toute de bois, seule en Europe semblable à celle de Rome. A peine cette Eglise fut-elle achevée, que ce Prince y mit cent Clers ou Chanoines pour la désservir, & que selon le Martyrologe d'Adon, il y fit apporter le corps de Saint Cyprien, qui étoit en dépôt dans l'Eglise de Lyon, & le corps de Saint Corneille. Il fit aussi venir

---

* La Statue de ce Prince est au haut du Chœur, comme en étant le Fondateur.

d'Aix-la-Chapelle toutes les Reliques & les autres préfens que Charlemagne, fon ayeul, y avoit placés, & entr'autres le Saint Suaire de Notre Seigneur. Les Lettres de l'Abbé Suger nous apprennent que de fon tems on croyoit & on difoit publiquement, que les Reliques des deux Martyrs que nous avons nommés, repofoient dans l'Eglife dont il eft queftion. Les Bénédictins affurent encore qu'elles y font.

Cependant Pamelius dit avoir vu dans l'Eglife Collégiale de Ronce, Diocèfe de Gand, une Chaffe avec cette infcription :

Les os de Saint Corneille & de Saint Cyprien, décapités pour la foi, font dans cette Chaffe.

Quant au Saint Suaire, lorfqu'il approcha de la Ville de

Compiegne, le Clergé & les Habitans allerent le recevoir à un demi-quart de lieue ; & l'on bâtit depuis en cet endroit une Chapelle, qui fut nommée du Saint Signe, c'est-à-dire du Saint Suaire. C'est à présent un Hermitage où l'on porte tous les ans cette Relique en Procession le Mercredi d'après Pâques. Une Charte de Philippe I. Roi de France, nous apprend que ce Prince fit mettre le Suaire & les autres Reliques de Jesus-Christ, que Charles le Chauve avoit données à l'Eglise de Saint Corneille, dans une Chasse d'or, enrichie de pierres précieuses, dont avoit fait présent Mathilde, Reine d'Angleterre, au lieu qu'auparavant elles étoient gardées dans un Vase d'yvoire. Cette Chasse fut ouverte sous le régne de François I. en 1516. Elle le fut aussi sous celui de Louis XIII.

le 15 d'Août 1628, le Procès-verbal qui fut fait lors de cette derniere ouverture, nous fait parfaitement connoître ce que c'est que le Saint Suaire de Compiegne.

C'est, dit-il, un linge qui paroît si ancien, qu'à grande peine peut-on discerner la qualité de l'étoffe, ayant en longueur deux aunes & un peu plus qu'une aune de largeur ; coffiné, faisant plusieurs replis.... Les liqueurs & onguents aromatiques le rendent plus épais que les linges communs, & empêchent que l'on ne puisse discerner la couleur ni l'étoffe, estimée par la plûpart des assistans être de cotton ou fin lin, tissu façon de toile de damas.

Au reste la magnifique Eglise que Charles le Chauve avoit fait bâtir à l'Abbaye de Saint Corneille, fut brûlée sous le régne de Charles le Simple. On en a rebâti depuis une nouvelle qui est très-magnifique ; c'est dans cette Eglise que sont inhumés Louis II, dit le Begue (*a*), où il avoit été couronné par le grand Hincmarus, Archevêque de Reims ; on voit au haut du chœur sa Statue, tenant un globe comme Empereur. La Statue de Louis V (*b*), est auprès de celle de Louis II. Hugues le Grand, (*c*) mort en 1026, fut aussi inhumé dans cette Eglise, tous trois Rois de France ; & Jean de France, Dauphin de Viennois, le quatriéme des fils de Charles VI.

L'on voit au haut du chœur de cette Eglise la Statue de Hugues, fils aîné de Robert, surnommé le Dévotieux, ornée à la Royale ; mais le manteau tout ouvert, pour montrer qu'il n'a régné qu'avec son pere. On voit aussi celle de Charles VII, revêtue à la Royale à côté de celle de ce Prince.

(*a*) Mort en 879.

(*b*) Où il est aussi inhumé l'an 987.

(*c*) On voit aussi sa Statue au milieu du chœur à la droite du grand Autel.

Le Roi, Henri III, ayant été affassiné à Saint-Cloud, l'an 1589, son corps fut porté & mis en dépôt dans cette Eglise, où il reposa jusqu'en 1610, qu'il fut transporté à Saint Denis. Hincmar, Archevêque de Reims, fut le premier Abbé de l'Abbaye de Saint Corneille de Compiegne; & Simon le Gros, Evêque de Soissons, fut le dernier. Celui-ci étant mort l'an 1656, le Pape, Alexandre VII, à la priere de la Reine de France, Anne d'Autriche, éteignit le titre Abbatial, & en unit la mense à l'Abbaye Royale des Religieuses du Val-de-Grace de Paris.

Le Cardinal de Bourbon, grand-oncle de nos Rois, Abbé de Saint Corneille, avoit fait commencer en 1516, ce beau Portail que l'on voit encore, & qui par sa mort l'a laissé imparfait.

Guillaume, un des Abbés de Saint Corneille, érigea huit Fiefs pour autant de Barons ou Fiefés, qui devoient défendre cette Abbaye contre les violences des Seigneurs qui s'emparoient de ses biens.

Le Roi, Louis VII, y mit des Religieux de l'Ordre de Saint Benoît, l'an 1150; il confirma l'érection des huit Baronnies; ceux qui possédoient ces Fiefs, sont nommés Octo Feodati, dans un dénombrement de l'an 1271.

Il y a dans cette Eglise, un trésor où sont renfermées quantités de choses singulieres & précieuses, dont la description seroit trop prolixe pour un abrégé.

Le Chapitre de Saint Clément de Compiegne, a été fondé l'an 919, par Frédérine, femme du Roi Charles le Simple, où quelques Auteurs (*a*) croient qu'elle fut inhumée. Ce Chapitre est

[a] Du Verdier.

composé d'un Doyen & de six Chanoines, outre plusieurs Ecclésiastiques qui forment le bas-chœur. Les prébendes des Chanoines ne rapportent guere que 300 liv. ou environ; au reste le service divin se fait dans cette Eglise avec beaucoup de décence.

Il n'y a dans la Ville que deux Paroisses, celle de Saint Jacques & la Paroisse de Saint Antoine, érigées environ l'an 1199.

On tient par tradition que Louis XI. fit couvrir d'ardoise l'Eglise de Saint Jacques; une pieuse Dame lui ayant remontré que son Château étant couvert d'ardoise, il étoit messéant que l'Eglise de cette grande Paroisse ne le fut que de tuile & de chaume.

Le Collége de Compiegne étoit occupé ci-devant par les Jésuites, où ces Peres avoient été établis en 1656, & où ils jouissoient d'une pension du Roi de 3000 liv. à prendre sur les ventes ordinaires des bois de la Forêt, & d'une Chapelle nommée Notre-Dame de Bonne Nouvelle (a), qui est sur la porte Pierrefond, & qui rapporte environ 2000 liv. par an ; Mais aujourd'hui ce Collége est occupé & régenté par des Séculiers.

(a) Fondée par Louis XI en 1470.

Le Couvent des Carmélites (b) n'est rien moins que riche, mais cela n'empêche pas que son Eglise, quoique petite, ne soit bien ornée ; l'affection singuliere que le feu Comte de Toulouse avoit pour ces saintes Filles, fut cause qu'il ordonna par son testament, que son cœur seroit déposé dans leur Eglise, ce qui fut exécuté. La Comtesse de Toulouse sa veuve, lui a fait ériger un magnifique Monument, qui est placé à la droite du Grand Autel, &

(b) Fondé en 1646.

devant la grille des mêmes Religieuses.

Ce Monument fert de fupport au cœur du Prince pour lequel il a été élevé : il a feize pieds de hauteur fur neuf pieds de largeur ; il eft formé d'un piédeftal de marbre blanc qui a fept pieds de haut, & eft orné de confoles enlacées de guirlandes de feuilles de chêne, qui font des fymboles de l'immortalité.

Vers le milieu du piédeftal eft l'écu des armes du Prince, qui font de France, au bâton péri en barre de gueules, avec la Couronne rehauffée de fleurs de lys, un manteau de Prince, & pour marque de fa dignité d'Amiral, une ancre pofée en pal derriere l'écu. Les armes ainfi que les guirlandes, font en bronfe. Ce piédeftal eft en élipfe fur fon plan, & ceintré fur fon élevation, pour fervir de point d'appui à un ovale de de six peids & demi de hauteur, dont la bordure est de marbre blanc veiné, & renferme une table de marbre bleu turquin, sur laquelle est gravée l'inscription ou épitaphe que nous rapporterons incessamment.

Au haut de cette ovale, sont deux Anges qui supportent l'un & l'autre le cœur du Prince, lequel ils envéloppent avec son manteau qui tombe derriere l'ovale, & paroît des deux côtés se grouper avec les attributs militaires, tant de terre que de mer, tels que des ancres, un gouvernail, un casque, une épée, un bouclier, des drapeaux, &c. Ces divers attributs sont rassemblés sur la corniche du piédestal où ils composent un trophée en plomb feint de bronse. Cet ouvrage est de l'invention & de l'exécution de Jean-Baptiste le Moine fils, de Paris, Sculpteur ordinaire du Roi, & Adjoint à Professeur en son Académie Royale de Peinture & Sculpture.

Voici l'épitaphe qui se lit sur la table de marbre bleu-turquin, dont nous avons parlé ci-devant.

Ici est le cœur, de très-Haut, très-Puissant & très-Excellent Prince, Louis-Alexandre de Bourbon, Prince légitimé de France, Duc de Penthievre, de Châteauvillain & de Rambouillet, Marquis d'Albert, Commandeur des Ordres du Roi, Lieutenant Général de ses armées, Chevalier de la Toison d'or, Gouverneur & Lieutenant-Général pour Sa Majesté dans sa Province de Bretagne, Pair, Amiral, & grand Veneur de France, décédé en son Château de Rambouillet, le premier Décembre de l'année 1737, âgé de LIX ans V mois XXIV jours.

Priez Dieu pour lui.

Le Couvent des Minimes fut fondé l'an 1609 *, les RR. PP. Capucins dont le Couvent est hors de la Ville, furent établis par Jean Charmolue, Bourgeois de Compiegne, en 1611.

Les Religieuses de la Congrégation de Notre-Dame, furent établies vers l'an 1645.

Les Religieuses de la Visitation de Sainte Marie, en 1649.

L'Hôpital général fut fondé en 1663, sous le régne de Louis le Grand.

Le Roi, Louis XV. n'a presque point fait de voyage à Compiegne, qu'il n'ait ordonné quelque ouvrage nouveau & somptueux pour l'embélissement de cette Ville. en 1730, Sa Majesté

---

* C'étoit avant l'onziéme siécle un Prieuré de Bénédictins, & étoit Paroisse de Saint Pierre ; il paroît qu'elle a été par la suite annexe ou succursale, & que l'on y enterroit dans le tems de mortalité.

approuva le deſſein d'un Pont de pierre qui lui fut préſenté par M. du Bois, Directeur Général des Ponts & Chauſſées du Royaume, & elle différa juſqu'à l'année ſuivante de mettre dans une des piles qui ſoutiennent une des arches de cet édifice, des médailles d'or, d'argent & de bronſe. en 1731, une maladie épidémique ayant affligé la Ville de Compiegne & ſes environs, Sa Majeſté ne jugea pas-à-propos d'y aller cette année, & par conſéquent, ce ne fut que le 11 de Mai de l'an 1732, que ſe fit la cérémonie en queſtion. Ce jour-là, le Roi étant deſcendu de caroſſe au bord de la riviere, fut reçu par M. du Bois, dans une gondole magnifique, & conduit à la pile du Pont où la cérémonie devoit ſe faire, & où l'on avoit dreſſé un échafaud, & préparé une table, ſur laquelle étoit une

B v

boëtte de cédre, avec six grandes médailles, une d'or, deux d'argent, & trois de bronse. Cette boëtte fut mise dans une autre de plomb, qui fut aussi-tôt soudée en présence du Roi.

Cela étant fait, Sa Majesté plaça cette double boëte dans le lieu destiné, arrangea des cales & du ciment avec une petite truelle d'argent, & pressa les cales avec un petit marteau également d'argent, qui lui avoit été présenté par M. du Bois, ainsi que la truelle. Sur ces médailles, étoient d'un côté, la tête du Roi, couronnée de laurier, & la légende ordinaire; & de l'autre, le Pont que Sa Majesté faisoit construire à Compiegne sur la riviere d'Oise, avec cette légende:

Compendium, ornatum
Et locupletatum.

Dans l'exergue, étoient gravées ces paroles :

Ponte novo, Isarœ imposito.

Ce Pont fut entiérement achevé au mois de Mai 1733 ; mais il ne fut livré à l'usage public qu'après que le Roi y eut passé le premier.

Il est composé de trois arches plates & fort grandes, de deux piles & de deux culées. L'arche du milieu est de 12 toises d'ouverture, & celles d'à côté ont chacune 11 toises. La longueur du Pont est d'environ trois cens quarante pieds, & sa largeur de trente-six ou quarante pieds entre les murs des parapets. Pour lui donner plus d'évasement aux entrées, on l'a orné aux quatre coins de quatre tours ou pans-arrondis. Les armes de France sont au haut de la grande arche, & ont été Sculptées par Coustou le jeune. Au-dessus de ces armes s'éleve sur un piédestal, une pyramide de trente piéces de haut, portant la moitié de son épaisseur en dehors des parapets, & l'autre moitié en dedans. Les panaux du piédestal sont chargés chacun d'une inscription, l'une du côté du Pont, & l'autre du côté de la riviere. La premiere est conçue en ses termes :

LUDOVICO XV.

Quod viâ publicâ, hinc Lutetiam, Illinc
Noviodunum, correctâ,
Stratâ & munitâ,
Compendium novo Ponte
Lapideo decoravit.

Anno M. DCC. XXX.

La seconde est gravée sur le

paneau opposé, & elle est conçue ainsi :

*Iter tutum viatoribus ,
Et nautis facile Commercium.*

Cette pyramide dont nous avons parlé, est surmontée d'un globe de cuivre doré, dans lequel est plantée une Croix de fer, dont les extrémités sont ornées d'ouvrages de cuivre doré. Il ne manque à ce Pont, qu'on nomme le Pont-neuf & le Pont Royal, qu'un marche-pied ou trottoir de chaque côté, pour le rendre parfait.

Aux extrémités du Pont, du côté de Marigny, sont deux rampes de pierre de taille, de cent trente-cinq pieds de long, pour descendre à la riviere. Une pareille rampe est à l'autre extrémité du côté du cours, où l'on abreuve les chevaux, & à côté est une terrasse qui conduit à la porte qu'on nomme, la porte de l'ancien Pont.

A cinquante toises du Pont dont nous venons de parler, il en est un autre bâti sur trois arches, & qui sert à l'écoulement des eaux dans le tems des débordemens. Ce Pont a environ deux cens pieds de longueur sur trente de largeur. A son extrémité & sur le même niveau, commence une levée de terre de quinze à vingt pieds de hauteur, sur quarante à cinquante de largeur. On a fait sur cette levée une chauffée qui conduit en droite ligne à la montagne de Cleroir, distance de Compiegne d'une lieue ou environ, & qui forme la naissance du chemin de Noyon ; cette levée est revêtue sur son talus, du côté de la riviere, de pierres de taille : elle traverse la montagne sans aucun aquéduc, elle est si haute & si bien faite, qu'il n'y a pas à craindre que les eaux puissent ni la surpasser, ni l'endommager, quels que puissent être les débordemens. Aussi cet ouvrage est regardé avec raison, dans son espéce, comme un des plus beaux qu'il y ait, & la chauffée qui régne le long de la Loire, n'est assurément pas plus belle.

A l'extrémité du Pont-neuf du côté du Cours, on a construit par ordre de Sa Majesté (a), des écuries très-spacieuses, que l'on nomme petites-écuries du Roi.

[a] En 1764.

La grande écurie est à un des bouts de la Ville, & peut contenir trois cens trente-six chevaux. Celle de la Reine est le long de la terrasse du Château.

Près la porte d'Ardoise, on a construit une salle de Comédie, dans laquelle différentes troupes de Comédiens jouent durant le séjour de la Cour à Compiegne.

La Ville de Compiegne est fortifiée de murailles, de dimi-lunes & de bastions; mais tout cela est dans le goût ancien.

On y compte huit portes, qui sont la porte Notre-Dame, celle d'Ardoise, celle de Paris, celle de Pierrefond, la porte Chapelle, la porte Neuve ou de la Reine, la porte de Soissons & la porte-Royale.

La porte d'Ardoise donne entrée à la rue du même nom qui conduit à la rue des Minimes. Sur la porte de Paris, sont trois Couronnes fermées, dont deux à côté l'une de l'autre sur une même ligne, & la troisiéme au dessus, soutenue par une guirlande de fleurs; dans l'espace qui se trouve entre ces trois Couronnes, sont écrits ces mots: *Manet ultima Cœlo*; & au dessus, *Regi & Regno fidelissima*, très-fidéle au Roi & au Royaume; c'est l'éloge de la

de Compiegne.

Ville de Compiegne; éloge justement mérité *.

Cette repréfentation de trois Couronnes, avec l'infcription qui les accompagne, prouve que ce monument a été fait fous le régne du Roi Henri III. Indépendamment de cela, cette porte eft ornée du côté de la Ville, d'une grande figure de la Vierge, aux pieds de laquelle, il eft écrit : *Maria Mater gratiæ*, &c. D'un côté de cette figure, font les armes du Roi, & de l'autre

---

* Au mois de Mai 1589, les Habitans de Compiegne en grand nombre fous la conduite de Charles de Humieres, leur Gouverneur, fuivirent l'armée Royale, commandée par M. le Duc de Longueville, allerent faire lever le fiége que ceux de la Ligue avoient mis devant Senlis, où l'armée des ennemis fut entiérement défaite, & leur drapeaux mis & attachés dans l'Eglife de Saint Corneille. Cette victoire femble d'autant merveilleufe, qu'une petite armée en défit une qui la furpaffoit de fix fois en nombre; mais il n'eft rien d'impoffible à qui combat pour fon Prince.

celles de la Ville de Compiegne.

Ces dernieres font d'argent, au Lion d'azur, parfemé de fleurs de lys d'or, lempaffé de gueules & couronné d'or. Les fupports font un Sauvage & une Sauvageffe, qui n'ont pour vêtement que leur cheveux pendants jufqu'aux talons.

Entre la porte de Paris & celle de Pierrefond, on a ouvert une porte, qu'on nomme la porte Neuve ou la porte de la Reine, & qui conduit en droite ligne au pavé du chemin de Paris, vis-à-vis l'Hôpital. Depuis cette porte jufqu'à celle de Pierrefond, le rempart n'eft qu'une terraffe continue que les Habitans, dont les maifons y font fituées, ont fait conftruire chacun au bout de leur jardin, & qui donne une vue charmante fur la plaine & fur la forêt; il ne refte plus que d'en faire autant fur le petit efpace qui est entre la porte de Soissons & celle de Pierrefond. Par ce moyen, la même terrasse régneroit depuis la riviere jusqu'à la porte de la Reine.

Entre le Château & la porte de Soissons, on a ouvert une porte sous le bout de la terrasse qu'on nomme la porte Royale, & qui conduit en droite ligne à la forêt, par une belle avenue qui porte le même nom, & qui forme une patte d'oye ensemble avec deux autres avenues qui sont à droite & à gauche.

Le Roi, Charles VI. assiégea Compiegne, & la reprit sur le Duc de Bourgogne l'an 1415 : elle fut encore assiégée par ce même Duc.

Jeanne d'Arc, si connue sous le nom de la Pucelle d'Orléans *,

---

* Native de Domremy, surnommée la Pucelle, à trois lieues de Vaucouleurs, & deux de Neuchâteau.

ayant appris la nouvelle de ce siége, partit de Lagny, où elle étoit alors, & alla se jetter dans la Place ; mais quelques jours après, cette héroïne ayant été prise dans une sortie qu'elle fit sur les ennemis ; JEAN DE LUXEMBOURG, qui commandoit l'armée du Duc de Bourgogne, la vendit aux Anglois, qui lui firent subir le sort que tout le monde sçait.

Enfin l'armée de Charles VII. étant venue au secours de la Place, les Bourguignons furent obligés de lever le siége.

Cette Ville a vu plus agréablement l'image de ses anciens siéges dans le divertissement que Louis XIV. donna au camp de Compiegne en 1698 *, où ce Monarque

---

* Près Coudun, sur la petite riviere d'Aronde, à deux tiers de lieues nord-ouest de la rive droite de l'Oise & de Compiegne.

assembla une armée composée de l'élite de ses troupes, pour donner une idée de la guerre aux Ducs de Bourgogne, d'Anjou et de Berry, ses petits-fils.

Depuis, le Duc de Baviere y tint sa Cour jusqu'à son retour dans ses Etats ; ordinairement en tems de paix, le Roi y passe tout les ans avec toute sa Cour le mois de Juillet & une bonne partie de celui d'Août.

Cette Ville a cela de singulier, que depuis Clovis jusqu'à présent, elle n'est point sortie du Domaine Royal.

Les rues de Compiegne sont la plûpart étroites, mais bien percées : comme les bâtimens y sont élevés, cela est cause qu'il y en a plusieurs qui paroissent obscures. Une partie de la Ville est bâtie sur une éminence, & le reste occupe la pente de cette hauteur. Les promenades y sont agréables

& ont de très-belles vues.

Il ne manque à cette Ville qu'une fontaine qui donne de bonne eau à boire, si quelque Citoyen assez zélé pour le bien public procuroit cet avantage à la Ville de Compiegne, ce seroit pour lors un séjour délicieux, & P. LAGNERIUS *, diroit avec plus de raison, *que si Jupiter ou Appollon jaloux de notre bonheur, retournoit en ce monde accompagné de ses muses, il quitteroit le séjour d'Hélicon pour choisir celui de Compiegne.*

Vraisemblablement ce savant Professeur n'a pas résidé en son lieu natal ; les coliques (*a*) que l'eau de puits lui auroit données, l'auroit fait penser aux moyens

---

* Savant Professeur de Toulouse, natif de Compiegne.

(*a*) On prétend que l'eau de puits ne fait point de mal aux gens de la Ville, & qu'il n'y a que les étrangers qui s'en plaignent.

de faire venir de l'eau à Compiegne ; projet très-facile à exécuter même de plusieurs endroits, & sur-tout de Clairoix, d'où l'on assure qu'il ne faudroit que placer un entonnoir & des tuyaux de peu de valeur le long de la chaussée de Noyon, que l'on attacheroit en dehors des parapets du Pont-Neuf ; mais notre objet n'est point de donner des plans, c'est aux gens de l'art à vérifier la preuve de ce que nous avançons par le nivellement du terrain.

On objectera peut-être que la fontaine de Clairoix fourniroit tout au plus un pouce d'eau à Compiegne, cette petite quantité seroit toujours un grand bien pour la Ville dès qu'il y a de la possibilité à la faire venir à peu de frais.

Les Chevaliers de l'Arquebuse y ont de très-beaux jardins,

& ne manquent pas de se distinguer aux prix généraux par leur adresse & leur magnificence.

Le Duc de Baviere leur fit l'honneur d'entrer dans leur Compagnie. Ordinairement ils s'exercent les Fêtes & les Dimanches à tirer de l'arc dans un des fossés de la Ville ; & d'ailleurs ce divertissement est assez habituel pour les Habitans de cette Ville.

Le pays qui environne Compiegne est découvert, les montagnes en sont éloignées. Les campagnes y sont fertiles en toute sortes de grains. Les bois, les collines chargées de vignes, les Villages & la riviere qui entrecoupe cette belle plaine, forment un paysage ravissant. Les Habitans de Compiegne sont fort polis, les principaux d'entr'eux aiment la magnificence.

Le commerce de cette Ville consiste en grains, en bois, en laines,

de Compiegne.

laines, & en différentes petites marchandises qui s'y fabriquent.

Quoique ses environs produisent quantité de vin, cependant on ne l'estime pas assez pour l'enlever ; les Mariniers du pays, ou ceux qui y passent, en prennent, parce qu'ils l'ont à bon compte, le reste se consomme dans le pays.

La Ville de Compiegne est la partie de *Jerôme d'Hangest*, de *Dom Pierre Coutant*, & de *Marc-Antoine Hersan*. Quelques-uns ajoutent aussi & *Pierre d'Ailly*.

Jerôme d'Hangest, naquit à Compiegne d'une famille noble & ancienne, il fut Docteur de la Maison & Société de Sorbonne, Chanoine-Ecolâtre & Grand-Vicaire de l'Eglise du Mans, sous le Cardinal de Bourbon, Evêque de cette Ville. Il se distingua par son zéle contre les Luthériens, & mourut au Mans le 8 Septembre 1538. On a de lui plusieurs Ouvrages, dont le plus curieux est un Traité des Académies contre Luther, dans lequel Hangest défend les Universités, & justifie la bonne Scholastique.

Dom Pierre Coutant, Religieux Bénédictin de la Congrégation de Saint Maur, naquit à Compiegne en 1654, & mourut dans l'Abbaye de Saint Germain-des-Près à Paris en 1721. Il est connu dans le monde sçavant par de fort bons Ouvrages, dont le premier fut l'édition des Œuvres de Saint Hylaire, qu'il donna au Public en 1693. Cette édition est regardée comme une des plus exactes & des plus complettes de toutes celles qu'ont donné les Bénédictins. Dom Coutant s'occupa ensuite à défendre contre le Pere Germon, Jésuite, les régles que Dom Mabillon avoit établies dans son livre de *re Diplomatica*.

Le Pere Germon répondit, & Dom Coutant répliqua. Comme cette réplique demeura sans réponse, bien des gens prirent le silence du Pere Germon pour sa défaite. Dom Coutant avoit encore entrepris un Ouvrage de longue haleine : c'étoit une nouvelle collection des décrétales des Papes, depuis Saint Clément jusqu'à Innocent III. Il publia le premier tome de cet Ouvrage en un volume *in-folio*, & il doit être suivi de plusieurs autres tomes.

Marc-Antoine Herfan, fameux Professeur de Rhétorique au Collége du Plessis, & au Collége Royal de France, se fit considérer dans son tems comme l'Orateur le plus éloquent de l'Université de Paris, & mérita l'estime & la confiance de M. de Louvois, l'un des plus grands Ministres que la France ait eu. Hersan borna toute son ambition, & sacrifia tous les avantages que son mérite lui auroit procuré dans le monde, au service & à l'instruction des pauvres enfans de Compiegne sa patrie, en faveur desquels il fit bâtir une des plus belles Ecoles qu'il y eut en France, & où il fonda un Maître pour les instruire.

Il mourut à Compiegne le 11 Octobre 1724. Nous n'avons de lui que des piéces fugitives, qui mériteroient bien d'être recueillies. En 1686, il fit imprimer une Oraison funébre Latine, de Michel le Tellier, Chancelier de France : cette piéce reçut de grands applaudissemens ; elle fut traduite en François par Noël Bosquillon, de l'Academie de Soissons, & imprimée en cette derniere langue en 1688.

Plusieurs Auteurs prétendent

de Compiegne.

que le célébre *Pierre d'Ailly**, est natif d'Ailly-Hautclocher en Picardie, Diocèse d'Amiens, d'autres le font originaire de Compiegne. Quoi qu'il en soit, Pierre d'Ailly naquit en 1350, de parens pauvres qui ne laisserent pas de lui donner une bonne éducation. Il fut d'abord Boursier au Collége de Navarre à Paris, puis Docteur de Sorbonne en 1380, ensuite Chancelier de l'Université, Confesseur & Aumônier du Roi Charles VI, Evêque du Puy, & enfin Evêque de Cambray & Cardinal. Il prêcha à Gênes en 1405, avec tant de force sur le Mystere de la Trinité, que le Pape Benoît XIII. (Pierre de Luna) touché de son Sermon, en institua la Fête. Ce fut un des

---

* On voit son Tombeau qui n'est que de plâtre, & qui tombe de vétusté, dans l'une des Chapelles de l'Eglise Saint Antoine de Compiegne.

plus sçavans Evéques des Conciles de Pise & de Constance. Il mourut à Avignon, où il étoit Légat pour Martin V, le 8 Août 1419, à soixante-neuf ans. Le célébre Gerson fut un de ses Disciples.

Il y a à Compiegne pour le Militaire, un Gouverneur, un Lieutenant de Roi, & un Major.

Une Milice Bourgeoise, une Hôtel-de-Ville *, dont les Maire & Echevins connoissent des matieres qui concernent la Police.

La Jurisdiction de la Ville est une Châtellenie en chef du Bailliage de Senlis, dont les appellations ressortissent directement au Parlement de Paris, si ce n'est dans le cas de l'édit des Prési-

* On voit dans la Grand-Salle, un Tableau qui représente l'entrée de Louis XII en 1498, après avoir été sacré à Reims. Ce Tableau montre une partie des magnificences que les Habitans firent à son entrée.

de Compiegne. 55

diaux, seulement elles ressortissent au Présidial de Senlis.

Pour le civil & le criminel, il y a à Compiegne un Lieutenant Particulier (ou Bailli de Senlis) qui juge les différens conformément à la Coutume de Senlis. La Justice est partagée entre le Roi & l'Abbaye de S. Corneille. Cette Justice est exercée pour le Roi par le Bailli de Senlis; & pour les Religieuses du Val-de-Grace de Paris, qui sont aux droits de l'Abbé de S. Corneille, elle est exercée par un Prévôt qui tient son siége dans un quartier de la Ville, lequel dépend de leur Justice, considérée comme district particulier de la Généralité de Paris. L'Election de Compiegne est bornée au sud, à l'est & à l'ouest, par la Généralité de Soissons, & au sud-ouest par l'Election de Senlis : elle a six lieues de longueur sur quatre de
C iv

56 *Description historique, &c.*
largeur ; ce qui peut être évalué à seize lieues quarrées. Le climat y est plus froid que dans l'Election de Paris.

LE GUIDE
DE
LA FOREST,
Pour se promener.

LA DITE Forêt est une des plus belles & des plus magnifiques du Royaume; elle contient vingt-sept mille arpens, dont il y en a de vagues, tant en Villages, Plaines, Bruyeres & Prés, environ trois mille arpens; ainsi reste de plein tant en futaye qu'en bois taillis, vingt-quatre mille arpens.

Il y a dans ladite Forêt plusieurs grands étangs ; sçavoir les étangs de Saint Jean, ceux de Saint Pierre ; les étangs de Bassigny, l'étang de la Ville, celui aux étots & le vivier Frere-Robert.

Cette Forêt est jointe à celle de Villers-Coteret, par une langue de bois nommée la Haye-l'Abesse, que François I. a fait planter & la Forêt de l'Aigue n'en est séparée que par la riviere d'Aisne, sur laquelle il y a deux bacs pour la commodité des chasses.

La Forêt de Compiegne est divisée en douze Gardes, sçavoir :

Les Gardes de Royal-lieu, du carrefour des routes de la Bouverie, de la Volliere, de Béthisi, des grands Monts, de Pierrefond, de la Pommeraye, des marres Saint Louis, de Berne, de la Fortelle, & de la Garde du mont Saint Marc.

Lesquelles Gardes sont subdivisées en plusieurs triages.

François I. a fait percer les huit grandes routes qui traversent la Forêt qui aboutissent au puits du Roi.

Quelques Auteurs * croient que ces routes sont du tems du Roi Jean ou de Philippe Auguste, à cause de l'accident qui lui arriva en sa jeunesse.

Ce Prince âgé de treize ans, ayant eu permission du Roi son pere, d'aller à la chasse, il poursuivit un grand sanglier si avant dans la Forêt, qu'il s'écarta de ses gens ; Philippe étant ainsi égaré par le bois, ne voyant & n'entendant personne, s'étonna & se recommanda à Dieu, à la Vierge, & à Saint Denis, patron des François ; en faisant le signe de la

* Rigordus. Duchesne, aux antiquités des Villes.
Guillau. le Breton.
Hist. de S. Denis. J. Charrier.

Croix, il apperçut à sa droite un grand Paysan qui souffloit du charbon, ayant le visage tout noir, & une grande coignée sur son épaule, d'abord il en eut peur; mais lui ayant parlé, le Paysan l'ayant reconnu, le ramena à Compiegne.

Louis XIV. a fait percer le grand octogone, & cinquante-quatre petites routes de douze pieds de large.

Louis XV. depuis l'année 1726 jusqu'à l'année 1733, a fait percer deux cens vingt-neuf routes, compris les huit pans du petit octogone, & vingt sept routes cavalieres. Sa Majesté a aussi fait couper les montagnes qui étoient dans les grandes routes, & fait faire au surplus beaucoup de chemins & routes tournantes, pour monter & descendre aisément en caléche sur lesdites montagnes.

de la Forêt

Sa Majesté a fait planter de belles avenues pour aller de Compiegne à la Forêt, & fait percer tout nouvellement vingt-deux routes *, dont la plupart ne sont point encore praticables, ainsi que l'étoile nommée d'Aumont, & les nouveaux chemins de Paris & de Soissons.

Toutes lesdites routes, y compris les quatre grands chemins qui passent dans ladite Forêt, sçavoir : les chemins de Paris, de Soissons, de Crepy & de Pierrefond, contiennent ensemble plus de trois cens lieues communes de France.

Il y a dans ladite Forêt quatre vingt-quinze mille toises de fossés pour la dessecher, qui se déchargent, partie dans la riviere d'Aisne, & partie dans la riviere d'Oise ; sur lesquels fossés il y a

_____

* Elles sont marquées sur la nouvelle Carte du sieur Denis.

quatre-vingt-quinze ponts de pierre, & quatre-vingts caffis pour la commodité des chaffes, avec plufieurs paffages de cavaliers.

Il y a encore dans ladite Forêt fix puits que Sa Majefté a fait faire, avec des auges de pierre à côté pour faire boire les chiens; fçavoir : à la petite patte d'oye, aux puits du Roi, à la route de Royal-lieu, au grand Octogone; un au puits Dauphin, à la Michelette, à la route de Berne, au grand Octogone.

La Capitainerie Royale des Chaffes eft compofée d'un Capitaine, d'un Lieutenant, deux fous-Lieutenans, un Procureur du Roi, un Infpecteur des Chaffes & d'un Greffier.

Il y a deux Maîtrifes particulieres des Eaux & Forêts, l'une anciennement nommée de Cuife, & actuellement dite de Compiegne, & l'autre de l'Aigue, elles ont chacune leur diſtrict & leur Juriſdiction particuliere. *

* *Nota.* On a fait par ordre de Sa Majeſté des nouveaux plans d'arbres, dont les palis renferment tout le terrain entre le chemin de Pierrefond, & celui de Crepy, depuis la route des Ventes Saint Corneille, juſqu'à celle des Nymphes, & un bout de celle des Clavieres. Ce terrain eſt en verd ſur la Carte du ſieur Denis, nouvellement corrigée ſur les lieux.

ROUTES qu'il faut ſuivre pour aller à tous les Carrefours & Rendez-vous de chaſſe, en partant de la plaine de Compiegne. Nous indiquerons ſouvent le rond Royal qui eſt au milieu de la belle allée, comme l'endroit le plus commode pour ſe porter à droite ou à gauche de ladite Forêt.

La petite patte d'Oye.

POUR aller à la petite patte d'Oye, au rond Royal, prendre

l'avenue de Marigny à droite qui conduit dans la grande route du moulin.

Puits du Roi.

Pour aller audit puits du Roi, il faut aller au rond Royal prendre l'avenue de Marigny à droite qui tombe dans la grande route du Moulin.

Carrefour de la Breviere.

Au rond Royal, l'avenue de Marigny à droite, environ à la moitié de ladite avenue, prendre à gauche pour gagner le chemin de Crépy, jufqu'à la route des prés de la Breviere à droite qui tombe dans ledit Carrefour.

Carrefour de l'Argilliere.

Au rond Royal, l'avenue de Marigny à droite, la grande route

de la Forêt.

du Moulin, jufqu'à la petite patte d'Oye, prendre à gauche la route des Amazones qui tombe audit Carrefour dans la grande route de Berne.

Puits de Royal-lieu.

Prendre le chemin de Paris jufqu'à la route de Royal-lieu, & fuivre ladite route de Royal-lieu jufqu'au grand Octogone.

Carrefour de Fontprenant.

Prendre le chemin du vivier Coras, près l'Abbaye de Royal-lieu, qui conduit aud. Carrefour.

Carrefour des chambres du Viviers.

Au rond Royal, l'avenue de Marigny à droite, la grande route du Moulin jufqu'à la petite patte d'Oye, prendre à droite la route de la Gouvernante, jusqu'à la route du Marché au Puits, suivre ladite route du Marché au Puits à gauche jusqu'à la grande route de Royal-lieu, suivre ladite grande route jusqu'à la route d'Hypolite qui tombe audit Carrefour.

Carrefour de la fontaine Huet.

Au rond Royal l'avenue de Marigny à droite, la grande route du Moulin jusqu'au puits du Roi; suivre la grande route de Chanlieu jusqu'à la route de Sainte Perrine, à gauche, qui tombe aud. Carrefour.

Carrefour du Palis Drouet.

L'avenue Royale, dite la belle allée, jusqu'au Carrefour Royal, prendre à droite la route Godot qui tombe dans le chemin de Crépy, suivre ledit chemin jusqu'à la route du Contrôleur, à droite, qui tombe audit Carrefour.

Carrefour des plaines Lorrains.

Le chemin de Paris, jusqu'au chemin du Viviers Coras, près Royal lieu, prendre ledit chemin jusqu'à la route des Languignons, à droite, qui tombe audit Carrefour.

Carrefour d'Orbay.

Prendre le chemin de Paris, jusqu'à la plaine de la Croix, & prendre à gauche le grand Octogone qui tombe audit Carrefour.

Carrefour du Pont la Reine.

Le chemin de Paris jusqu'à la route du Pont la Reine, au Pont de pierre sur ledit grand chemin.

Carrefour des Molinaux.

Au rond Royal, l'avenue de Marigny, à droite la grande route du Moulin jusqu'au petit Octogone, à droite suivre ledit petit Octogone jusqu'à la route du Carnois, & prendre à ladite route celle de Bétify, qui va droit & qui tombe audit Carrefour.

Carrefour des Grueries.

Au rond Royal, l'avenue de Marigny, à droite la grande route du Moulin, celle de Chanlieu, passant au Carrefour des Princesses, suivre jusqu'au haut de la montagne, prendre à droite la route des grands monts qui conduit audit Carrefour.

Carrefour de la Hideuse.

Au rond Royal, l'avenue de

Marigny, à droite la grande route du Moulin jusqu'au puits du Roi; prendre à l'entrée de la route du pont-la-Reine, la petite route du Boquet gras, jusqu'à la route des Grueries, & suivre ladite route des Grueries qui tombe audit Carrefour.

Carrefour Solitaire.

Au rond Royal, l'avenue de Marigny, à droite la grande route du Moulin jusqu'au puits du Roi; delà prendre la grande route du pont-la-Reine, jusqu'à la route du Hazoir à gauche, & suivre ladite route du Hazoir qui tombe audit Carrefour.

Carrefour de la grande patte d'Oye.

Au rond Royal, l'avenue de Marigny, à droite la grande route du Moulin jusqu'au petit Octogone, à droite suivre le petit Octogone jusqu'à la route du Carnois, prendre & suivre la route de Bétisy vis-à vis, & qui tombe audit Carrefour.

Carrefour du Maupas.

Au rond Royal, l'avenue de Marigny, à droite la grande route du Moulin jusqu'au puits du Roi, suivre la grande route de Chanlieu jusqu'audit Carrefour.

Carrefour des Princesses.

Au rond Royal, l'avenue de Marigny, à droite prendre la route du Moulin jusqu'au puits du Roi, & suivre la route de Chanlieu jusqu'audit Carrefour.

Carrefour de Bourbon.

L'avenue Royale, dite la belle

de la Forêt. 71

allée, jufqu'au Carrefour Royal, prendre la route Godot à droite, qui tombe dans le chemin de Crépy, fuivre ledit chemin jufqu'au grand Octogone, traverfant la grande route de la Mariolle & le pont de la Breviere, prendre ledit grand Octogone à droite, qui va & qui tombe audit Carrefour.

Carrefour de la Michelette.

Au rond Royal, avenue de Marigny, à droite prendre la grande route du Moulin jufqu'au puits du Roi, fuivre la grande route de Chanlieu jufqu'à la route de la Michelette qui eft à gauche, & qui tombe audit Carrefour.

L'étoile de la Reine.

Au rond Royal, l'avenue de Marigny à droite, prendre la

grande route du Moulin jufqu'au puits du Roi, fuivre la grande route de Chanlieu, jufqu'au Carrefour des Princeſſes ; & prendre la route des Princeſſes à gauche, jufqu'à ladite étoile.

Carrefour du grand Veneur.

L'avenue Royale, dite la belle allée, jufqu'au Carrefour Royal, la route Royale jufqu'au chemin de Pierrefond, à gauche fuivre ledit chemin jufques par-delà la grande route de la Mariolle, & prendre à droite la route de la Beccaſſiere qui tombe audit Carrefour.

Carrefour du grand Maître.

L'avenue Royale, dite la belle allée, jufqu'au Carrefour Royal, prendre à droite la route Godot qui tombe au chemin de Crépy ;
fuivre

de la Forêt.

suivre ledit chemin jusqu'au-delà de la Breviere, & prendre la route du pont de Palesne à gauche, qui conduit & tombe audit Carrefour.

Carrefour ❧ S. Jean aux Bois.

Au rond Royal, avenue Dauphine à gauche, prendre la route Dauphine qui est à la droite du chemin de Saint Corneille, suivre ladite route jusqu'au puits Dauphin, prendre la route du grand Bail vis-à-vis, jusqu'à la grande route de la Mariolle, prendre ladite route de la Mariolle à gauche, jusqu'à la route de Beauval à droite, qui conduit audit Carrefour.

Carrefour du Château de la Muette.

L'avenue Royale, dite la belle allée, jusqu'au Carrefour Royal,

D

prendre la route Godot à droite, jusqu'au Carrefour du même nom, prendre la route de Rivié à gauche, qui conduit & tombe audit Château de la Muette.

Carrefour du Fort Poirier.

L'avenue Royale, dite la belle allée, jusqu'au Carrefour Royal, prendre la route Godot à droite, jusqu'à la route d'Humieres à gauche, qui conduit droit audit Carrefour.

Carrefour du Vivier Payen.

L'avenue Royale, dite la belle allée, jusqu'au Carrefour Royal, prendre vis-à-vis le bout de la route Royale jusqu'au chemin de Pierrefond, prendre ledit chemin jusqu'à la grande route de la Mariolle où est ledit Carrefour.

de la Forêt.

Carrefour du Fossé coulant.

Au rond Royal, l'avenue Dauphine, prendre le chemin de Saint-Corneille jusques par-delà la ferme de Saint-Corneille, suivre la route de Saint-Pierre, traverser le puits d'Antin, & suivre ladite route de Saint-Pierre jusqu'audit Carrefour.

Carrefour de la Pommeraye.

L'avenue Royale, dite la belle allée, jusqu'au Carrefour Royal, prendre le bout de la route Royale vis-à-vis, jusqu'au chemin de Pierrefond, suivre ledit chemin jusqu'à la route de la Pommeraye, prendre ladite route à gauche qui tombe audit Carrefour.

Carrefour d'Epernon.

L'avenue Royale, dite la belle

allée, jusqu'au Carrefour Royal, prendre à gauche la route Gabriel jusqu'au Carrefour du même nom, prendre vis-à-vis la route de la Marre aux Cannes, qui conduit droit jusqu'audit Carrefour.

Autre Route.

Au rond Royal, l'avenue Dauphine à gauche, prendre le chemin de Saint Corneille jusques par-delà la ferme de Saint Corneille, prendre la route de Saint Pierre jusqu'au puits d'Antin, prendre à droite la route d'Epernon qui conduit audit Carrefour d'Epernon.

Carrefour des prés de la Ville.

L'avenue Royale, dite la belle allée, jusqu'au Carrefour Royal, prendre vis-à-vis le bout de la route Royale jusqu'au chemin de Pierrefond, suivre ledit chemin jusqu'à la grande route de la Mariolle, & suivre ladite grande route jusqu'audit Carrefour.

Le Puits Dauphin.

Au rond Royal, l'avenue Dauphine à gauche, prendre la route Dauphine qui conduit audit puits Dauphin.

Puits d'Antin.

Au rond Royal, l'avenue Dauphine à gauche, prendre le chemin de Saint Corneille jusques par-delà la ferme de Saint Corneille, & prendre la route de Saint Pierre qui tombe audit puits.

Carrefour des Marres Saint Louis.

L'avenue Royale, dite la belle

allée, jusqu'au Carrefour Royal, prendre la route Godot à droite, jusqu'à la route d'Humieres, prendre ladite route à gauche qui conduit droit audit Carrefour.

Carrefour de Humieres.

L'avenue Royale, dite la belle allée, jusqu'au Carrefour Royal, prendre la route Godot à droite, jusqu'à la route d'Humieres, prendre ladite route d'Humieres à gauche qui conduit droit audit Carrefour.

Carrefour du saut du Cerf.

Au rond Royal, l'avenue Dauphine à gauche, prendre le chemin de Saint Corneille, jusques & par-delà la ferme, & prendre la route de S. Pierre, qui tombe audit Carrefour.

de la Forêt.

Carrefour de la balle Image.

L'avenue Royale, dite la belle allée, jusqu'au Carrefour Royal, prendre la route Gabriël à gauche, jusqu'au Carrefour du même nom, prendre la route de la Marre aux cannes qui est vis-à-vis, & suivre ladite route qui conduit & tombe audit Carrefour.

Puits de Berne.

Au rond Royal, l'avenue Dauphine à gauche, prendre la route Dauphine qui conduit audit Carrefour dans la grande route de Berne & au grand Octogone.

Carrefour de la forte Haye.

Au rond Royal, l'avenue Dauphine à gauche, prendre la route Dauphine qui tombe dans ledit Carrefour.

Carrefour de la Croix des sept Morts.

Au rond Royal, l'avenue Dauphine à gauche, prendre le chemin de Saint Corneille, jusques & par-delà la ferme, suivre la route de Saint Pierre jusqu'à la route des sept Morts, prendre ladite route à gauche qui tombe audit Carrefour.

Carrefour des Vineux.

Par la porte Chapelle, le chemin de Soissons, prendre celui qui traverse à droite après le petit Château, & qui conduit à l'Hermitage, prendre la route de la Croix du Saint Signe, qui tombe audit Carrefour.

Carrefour des taillis de Berne.

Par la porte Chapelle, suivre

de la Forêt.

le nouveau chemin de Soissons jusqu'à l'étoile d'Aumont, aller tout droit traversant ladite étoile jusqu'à la route de la Motte-Blain, prendre ladite route à droite qui tombe audit Carrefour.

Carrefour du Buissonnet.

Le nouveau chemin de Soissons jusqu'à la route du Buissonnet, prendre ladite route à droite qui tombe dans ledit Carrefour.

*L'Étoile d'Aumont *.*

Prendre le nouveau chemin de Soissons, droit jusqu'à ladite étoile.

* Elle est nouvellement faite.

Le Mont Saint Marc.

Le rond Royal, l'avenue Dauphine à gauche, prendre le chemin de Saint Corneille jusqu'à la ferme, & prendre à gauche la route de Saint Corneille jusqu'au vivier Frere-Robert, passant sur la chaussée de l'étang, & prendre le zic zac du vivier Frere-Robert, qui conduit sur ledit Mont Saint Marc.

Carrefour de Marillac.

L'avenue Royale, dite la belle allée, jusqu'au Carrefour Royal, prendre la route Royale jusqu'au chemin de Pierrefond, suivre ledit chemin jusqu'à la grande route de la Mariolle, prendre ladite grande route à gauche jusqu'au haut de la Montagne, & prendre le petit zic zac à gauche, qui conduit audit Carrefour de Marillac, Bois de Cuise & Gorge de Ham.

Garenne du Roi.

L'avenue Royale, dite la belle allée, jusqu'au Carrefour Royal, prendre la route Godot à droite, qui tombe dans le chemin de Crépy, suivre ledit chemin jusqu'à la ferme de Vaudrempont, prendre à gauche la grande route de Morianval, jusqu'à la route de la Fortelle, qui est au-dessus & par-delà la Montagne à gauche, laquelle route de la Fortelle, conduit aux Carrefours & autres routes qui sont dans ladite Garenne du Roi.

Bois des Grueries, & Queue de Rome.

Au rond Royal, l'avenue de Marigny à droite, prendre la route du Moulin jusqu'au puits du Roi, & suivre la grande route de Chanlieu, jusqu'aubout qui tombe à droite audit bois des Grueries & Queue de Rome.

FIN.

TABLE
DES CARREFOURS.

La petite patte d'Oye, pag. 63
Le puits du Roi, 64
Carrefour de la Breviere, idem
Carrefour de l'Argilliere, idem
Puits de Royal-lieu, 65
Carrefour de Fontprenant, idem
Carrefour des chambres du Viviers, idem

Carrefour de la fontaine Huet, 66
Carrefour du Palis Drouet, idem
Carrefour des plaines Lorrains, 67
Carrefour d'Orbay, idem
Carrefour du Pont-la-Reine, idem
Carrefour des Molinaux, 68
Carrefour des Grueries, idem
Carrefour de la Hideuse, idem
Carrefour Solitaire, 69
Carrefour de la grande patte d'Oye, idem

Carrefour du Maupas, 70

TABLE.

Carrefour des Princesses, pag. 70
Carrefour de Bourbon, idem
Carrefour de la Michelette, 71
L'étoile de la Reine, idem
Carrefour du grand Veneur, 72
Carrefour du grand Maître, idem
Carrefour de Saint-Jean aux Bois, 73
Carrefour du Château de la Muette, idem
Carrefour du Fort Poirier, 74
Carrefour du Vivier Payen, idem
Carrefour du Fossé coulant, 75
Carrefour de la Pommeraye, idem
Carrefour d'Epernon, idem
Carrefour des prés de la Ville, 76
Le puits Dauphin, 77
Puits d'Antin, idem
Carrefour des marres S. Louis, id.
Carrefour d'Humieres, 78
Carrefour du saut du Cerf, idem
Carrefour de la belle Image, 79
Puits de Berne, idem
Carrefour de la forte Haye, idem
Carrefour de la Croix des sept Morts, 80

TABLE.

Carrefour des Vineux, pag. 80
Carrefour des taillis de Berne, idem
Carrefour du Buissonnet, 81
L'étoile d'Aumont, idem
Le mont Saint-Marc, idem
Carrefour de Marillac, 82
La Garenne du Roi, idem
Bois de Grueries & Queues de Rome, 83

Fin de la Table des Carrefours.

J'Ai lu par ordre de M. le Vice-Chancelier un Manuscrit intitulé *Description* ou *Abrégé historique de Compiegne*, avec le *Guide de la Forêt*. A Paris ce 11 Mai 1765. BELLIN.

www.ingramcontent.com/pod-product-compliance
Lightning Source LLC
LaVergne TN
LVHW052102090426
835512LV00035B/835